apartments in asien

aziatische **appartementen**

appartements d'asie

Mommsenstr. 43
D- 10629 Berlin

Übersetzung aus dem Englischen: Birgit Wüller
Vertaling uit het Engels: Geert Lemmens & Gerrit ten Bloemendal
Traduction de l'anglais: Aline Weil
Typesetting of the trilingual edition: adHOC Laureck & Beuster oHG

Editorial director: Kelley Cheng
Photography: Kelley Cheng (unless otherwise stated)
Art director: Jacinta Neoh
Sub-editors/writers: Hwee-Chuin Ang & Narelle Yakuba
Graphic designers: Chai-Yen Wong & Sharn Selina Lim

Co-ordinators:
Anna Koor (Hong Kong, China)
Savinee Buranasilapin (Bangkok, Thailand)
Thomas Dannecker (Bangkok, Thailand)

Colour separation: SC Graphic Technology Pte Ltd

Asian Apartments
First published in Singapore in 2003
by Page One Publishing Private Limited

Printing and Binding: Stampa Nazionale s.r.l., Italy

Printed in Italy
ISBN 3-936761-24-8
36 07016 1

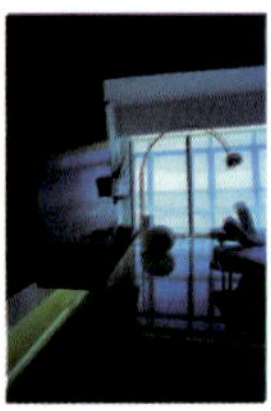

On the cover
Designed by Joey Ho (HK)
Photography by Kelley Cheng

apartments in asien
aziatische **appartementen**
appartements d'asie

Feierabend

einleitung
inhoud
sommaire

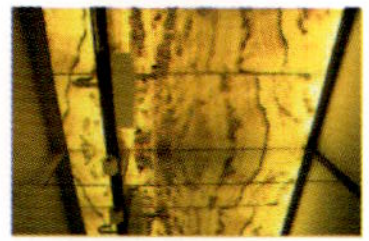

einleitung
inleiding
introduction

Mit asiatischem Wohnstil verbinden wir vermutlich zwei Bilder: Zum einen sind da die Jahrhunderte alten Bautechniken, beispielsweise zu beobachten an einem prächtigen und mehrstöckigen chinesischen Hofhaus, mit einer Abfolge von Räumlichkeiten, die durch Gänge verbunden sind, einem kleinen, feinen und anpassungsfähigen japanischen Haus von nahezu religiös anmutender Ästhetik, Gruppen von Hofhäusern in Indien oder einem ideal an das tropische Klima angepassten malaiischen Pfahlbau mit einem nutzeroffenen Planum. Vermutlich wird man an lokale Materialien wie Bauholz, Bambus und Rattan denken ebenso wie an die entsprechenden handwerklichen Techniken. Und gewiss wird man auch die asiatischen Religionen, kulturellen Traditionen und Rituale sowie ihre Einflüsse auf Design und Gebrauch der Häuser assoziieren.
Zum anderen denken wir an dicht besiedelte Städte, an von Hochhäusern geprägte Landstriche, wo unzählige Menschen auf engstem Raum zusammenleben, sowie an einen schnelllebigen Lebensstil und eine zunehmende Adaption westlicher Werte und Produkte – so zum Beispiel zu beobachten in Hongkong, Tokio und Singapur, wo die boomende Wirtschaft auf Industrie als weniger auf traditioneller Produktion und Handel basiert. Und vermutlich ist dieses Modell des Lebensstils das zukunftsträchtige, denn die Bevölkerung wandert zunehmend vom Land in die Städte, um dort zu arbeiten. Die asiatischen Apartments, die in diesem Buch vorgestellt werden, sind repräsentativ für den gegenwärtigen Trend beim ihrem Design. Einige davon tragen noch Züge traditioneller Baukunst – sei es offensichtlich oder eher auf sublime Art und Weise – und zollen ihr in all ihren Dimensionen Respekt. Diese Beispiele schöpfen ihre Inspiration aus der Vergangenheit bei gleichzeitigem Blick in die Zukunft. Einige dieser Apartments haben einen asiatischen Flair durch die sorgfältige Ausstattung mit asiatischem Mobiliar und Dekor. Andere dagegen spiegeln einen eher universellen Sinn für Design – rational, schlicht und funktional – und stehen deshalb als Repräsentanten des neuen informellen asiatischen Wohnstils.

Wie aan wonen in Azië denkt, heeft meestal twee beelden voor ogen. Het ene beeld is het palet van eeuwenoude Aziatische bouwtechnieken, zoals een rijk versierd en uit gestapelde lagen gebouwd Chinees huis aan een plein; een schaars ingericht, subtiel en flexibel Japans huis met een welhaast religieuze esthetica; groepen van huizen aan binnenplaatsen in India; of een Maleisisch huis gebouwd op palen met een open inrichting, perfect aangepast aan het klimaat. We denken ook aan plaatselijke materialen zoals timmerhout, bamboe en rotan en de technieken die werden bedacht om met deze materialen te bouwen en versieren. En we denken aan oosterse religies, culturele tradities en rituelen, en hun dichterlijke effecten die je terugvindt in het ontwerp en gebruik van het huis.

Het andere beeld is van extreme verstedelijking; een landschap van woontorens, bevolkt door enorme aantallen bewoners, die dicht op elkaar wonen in kleine ruimtes; een jachtige manier van leven waarin talrijke westerse gewoontes en producten zijn overgenomen. We denken aan steden als Hongkong, Tokio of Singapore, met hun vraatzuchtige economieën, die veel meer gebaseerd zijn op moderne industrie dan op traditionele productiemethodes en handel. Ongetwijfeld is de laatste manier van wonen die van de nabije toekomst, omdat alsmaar meer mensen van het platteland naar de stad verhuizen, op zoek naar werk.

De Aziatische appartementen die in dit boek worden gepresenteerd zijn exemplarisch voor de huidige trends in het ontwerpen van appartementen in het Verre Oosten. Sommige daarvan zijn doortrokken van de typische manier van Aziatisch bouwen – zowel tastbaar als niet tastbaar –, en spreken hun waardering uit voor de subtiele, op ervaring en perceptie gebaseerde omgang met ruimtes en de daaraan verbonden fysieke aspecten van oosterse bouwtechnieken. Deze voorbeelden verbinden inspiratie uit het verleden en besef van wat in de toekomst ligt. Sommige appartementen in dit boek hebben een waar Aziatisch karakter aangenomen, met typische oosterse meubels en decoratieve elementen. Andere getuigen van een universele manier van ontwerpen – rationeel, eenvoudig en functioneel – en zijn daarmee representatief voor de nieuwe richting die het alledaagse leven in moderne Aziatische steden is ingeslagen.

Quand on pense aux maisons d'Asie, deux images nous viennent à l'esprit – l'une est la palette des techniques de construction séculaires dont témoigne, par exemple, une riche maison chinoise à plusieurs étages, bâtie autour d'une cour, avec une succession processionnelle d'espaces ponctués par des portes ; une maison japonaise sobre, souple et subtile, empreinte d'une esthétique quasiment religieuse ; des groupes de maisons indiennes avec des cours attenantes ; ou une maison malaise ouverte, montée sur pilotis, parfaitement adaptée au climat tropical. On songe aussi aux matériaux locaux comme le bois, le rotin et le bambou, et aux techniques de décoration et de construction évolutives qui les emploient. On peut aussi penser aux religions, aux rituels et aux traditions culturelles asiatiques, ainsi qu'à leur effet poétique sur l'agencement et l'utilisation de la maison.

Quand on pense à la vie asiatique, on peut aussi évoquer une image de forte urbanisation : un paysage de hauts immeubles contenant des populations regroupées dans de petits espaces, menant un rythme de vie rapide et adoptant les habitudes et les produits occidentaux. On songe alors à des villes comme Hong Kong, Singapour ou Tokyo, dont les économies voraces sont plus fondées sur l'industrie que sur les modes de production traditionnels et le commerce. Ce sera probablement ce deuxième mode de vie qui prendra le pas dans le futur, à mesure que les populations continueront à émigrer de la campagne vers la ville en quête d'un travail dans l'industrie.

Les appartements d'Asie présentés dans ce livre illustrent les tendances actuelles de la conception des appartements asiatiques. Certains sont imprégnés des styles de construction traditionnels – de manière à la fois tangible et intangible –, en exprimant une vraie compréhension d'une occupation de l'espace subtile, pragmatique et sensible, ainsi que des aspects physiques des traditions de construction en Asie. Ces exemples arrivent à tirer une inspiration du passé tout en se tournant vers l'avenir. Certains des appartements que l'on voit dans ce livre arrivent à diffuser une ambiance asiatique en incluant avec mesure des éléments décoratifs et des meubles d'Asie. D'autres, par leur design simple, rationnel et fonctionnel, reflétent une sensibilité plus universelle et sont ainsi représentatifs de la nouvelle direction de la vie moderne informelle dans les villes asiatiques.

EMPFANG

hallen und korridore

Vieles in der traditionellen asiatischen Architektur basiert auf dem Konzept der Abfolge von Räumlichkeiten - vor dem Eintretenden entfaltet sich schrittweise und subtil der Privatbereich. Korridore stellen die Verbindungen zwischen den Räumlichkeiten her. Sie stimmen uns einerseits ein, anderseits geleiten sie uns zu den verschiedenen Räumen.

VOORTGANG

entrees en corridors

In veel gevallen is de traditionele Aziatische huizenarchitectuur gebaseerd op het concept van een doorgangsruimte - een privé-domein dat zich subtiel ontvouwt als je vanuit de buitenwereld de ruimtes van het huis betreedt. Corridors zijn zulke doorgangsruimtes of «tussendomeinen»: zij werken zinnenprikkelend en hebben tevens de fysieke functie het lichaam van de ene ruimte naar de andere te leiden.

PROGRESSION

halls et couloirs

En Asie, une grande partie de l'architecture intérieure traditionnelle est fondée sur le concept de l'espace processionnel - un déploiement subtil du domaine privé à mesure que l'on quitte le monde extérieur pour évoluer dans l'espace de la maison. Zones intermédiaires et transitionnelles, les couloirs s'adressent typiquement à la sphère sensorielle et possèdent également la fonction physique de transporter le corps d'un espace à l'autre.

Hallen und Korridore haben eine ambivalente Stellung. Indem sie den Eintretenden willkommen heißen und vom öffentlichen Leben in das Private des Hauses leiten, sind sie keine Plätze langer Verweildauer. Sie sind Räume der Bewegung und bieten als solche dem Eintretenden den Ausgangspunkt für interessante Erkundung der Räumlichkeiten auf spielerische Art und Weise.
Die hier gezeigten Hallen und Korridore zeigen eine wahre Fülle an Gestaltungsmöglichkeiten. Einige interessante Lösungen zeigen den Umgang mit verschlungenen Wegen und indirekten Blickrichtungen, wodurch sich die Räume erst langsam beim Durchschreiten erschließen. Ein derartiges Hin- und Herleiten belebt den Eingangsbereich und stimmt ein, auf das, was sich dahinter zeigen wird.

Entrees en corridors kenmerken zich door hun interessante dubbelleven. Terwijl ze ons verwelkomen en door de ruimtes leiden, ons van de publieke zone naar de meest private sferen van een huis voeren, zijn ze eigenlijk een niet-ruimte, een ruimte zonder blijvende bewoners. Entrees en corridors zijn ruimtes voor beweging. In die hoedanigheid vormen ze de gelegenheid voor interessante architectonische ontdekkingen die aan beweging en het theater herinneren.
De entrees en corridors die in dit hoofdstuk worden getoond, laten een verscheidenheid zien aan hoe je deze met overgangszones in appartementen kunt omgaan. Sommige zeer interessante oplossingen gebruiken meanderende doorgangen en indirecte perspectieven, waardoor een proces van voortdurende ontvouwing ontstaat, terwijl je door de ruimte gaat. Dergelijke golvingen en stapelingen grijpen als het ware vooruit op wat nog komen gaat en brengen leven en nieuwsgierigheid aan in een ruimte die welbeschouwd slechts een beperkte functie heeft.

Les halls d'entrée et les couloirs ont une double vie intéressante. Bien qu'ils vous accueillent et vous conduisent à travers l'espace, en vous transportant des zones publiques aux endroits les plus privés de la maison, ils sont en réalité un non-espace, car ils sont dénués d'occupation permanente. Les vestibules et les couloirs sont des espaces dévolus au mouvement. Ils offrent, en tant que tels, d'intéressantes possibilités d'exploration architcturales, liées à la progression et à la théâtralité.

Les halls et les couloirs qui illustrent ce chapitre montrent plusieurs façons d'appréhender ces zones transitionnelles dans les appartements. Certaines solutions intéressantes consistent à employer des couloirs sinueux et des angles de vue indirects pour créer un processus de déploiement à mesure que l'on avance dans l'espace. Cette construction par strates successives peut créer une sensation de curiosité, et ajouter vie et intrigue à un espace investi de cette fonction singulière.

Verschlungene Wege und indirekte Blickrichtungen bewirken, dass sich die Räume erst langsam beim Durchschreiten erschließen.

Meanderende doorgangen en indirecte perspectieven creëren een proces van voortdurende ontvouwing terwijl je door de ruimte gaat.

Les couloirs sinueux et les angles de vue indirects créent un processus de déploiement à mesure que l'on avance dans l'espace.

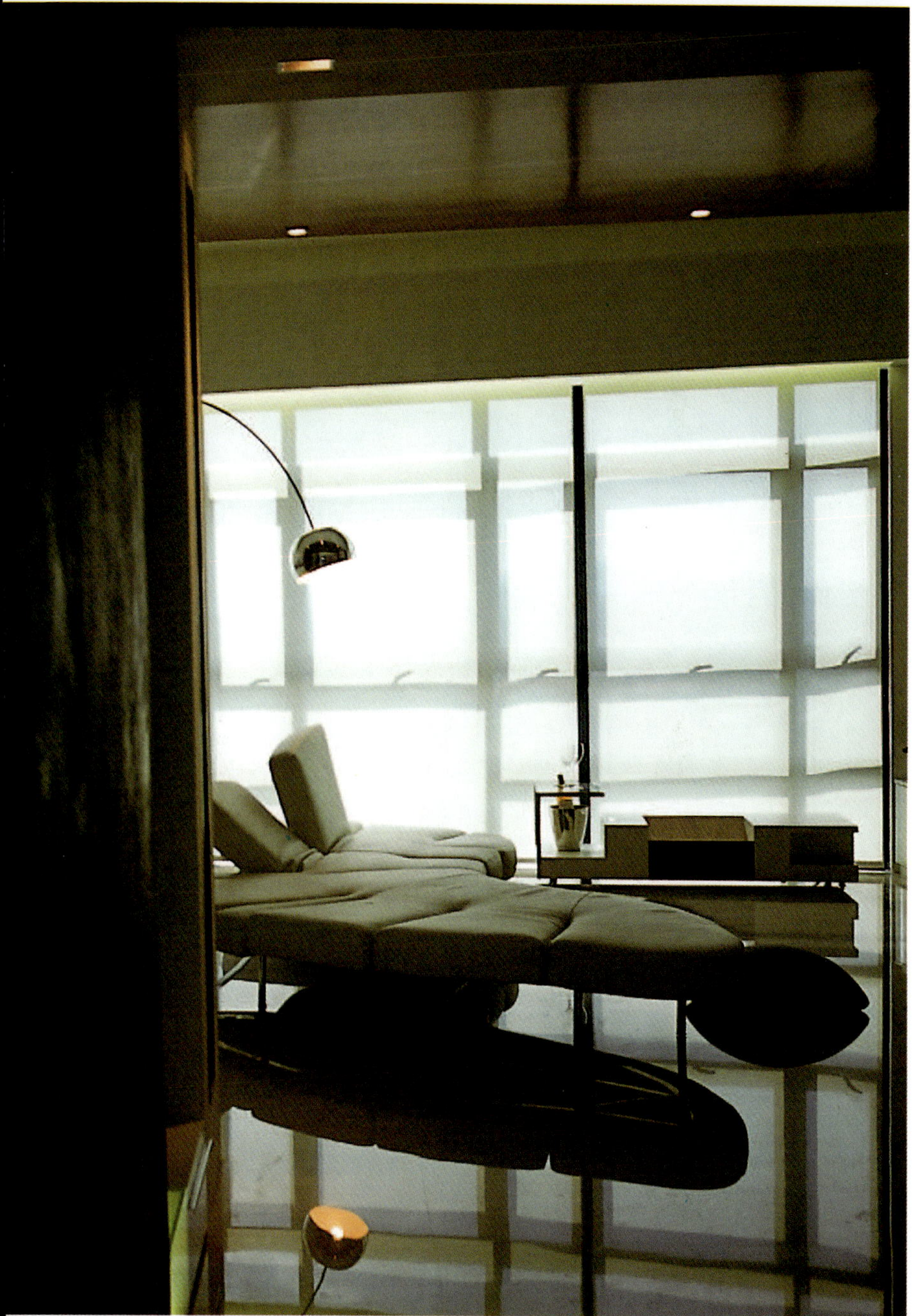

Korridore können spannungsvolle Akzente zwischen Räumen sein.

Entrees en corridors vormen welhaast dramatische pauzes tussen kamers.

Un couloir peut devenir un intervalle théâtral entre les pièces.

INTERAKTION

wohnzimmer

Die Größe und Formalität traditioneller asiatischer Wohnzimmer variiert in Abhängigkeit von der jeweiligen Kultur. In China beispielsweise ist es traditionell ein formaler Raum mit einer teilweise zeremoniellen Auswahl und Anordnung des Mobilars, in dem Gäste empfangen und unterhalten werden. Das Wohnzimmer eines malaiisches Hauses dagegen, das in der Regel durch ein nutzeroffenes Planum und eher sparsames Mobiliar gekennzeichnet ist, ist von persönlicherem und weniger starrem Charakter.

INTERACTIE

woonkamers

Traditionele Aziatische woonkamers variëren per cultuur in grootte en vorm. In Chinese huizen bijvoorbeeld, is de woonkamer van oudsher een ruimte waar gasten ontvangen en beziggehouden worden. De meubels doen er nogal ceremonieel aan. In Maleisië zijn de huizen open en er staan minder meubels. Het geheel komt ook minder formeel over, en straalt flexibiliteit en gemeenschapszin uit.

INTERACTION

salles de séjour

Dans les demeures asiatiques traditionnelles, les dimensions et le degré de formalisme des salles de séjour varient selon des cultures. Dans les maisons chinoises, par exemple, la salle de séjour était une pièce traditionnellement vouée à recevoir et à nourrir les invités, marquée par la présence d'un mobilier choisi et agencé suivant un certain protocole. Mais une maison malaise, conçue généralement sur un plan ouvert et dotée d'un mobilier moins fourni, peut posséder un espace de réunion plus souple et informel.

Das Wohnzimmer ist das Herz einer modernen Wohnung – hier genießt man nicht nur die Ruhe, sondern empfängt und unterhält auch seine Gäste. Es ist ein Ort, der gemütlich sein und den Geschmack seiner Bewohner zum Ausdruck bringen soll, er muss einen gewissen Grad an Formalität besitzen und dabei gleichzeitig den Bedürfnissen der Bewohner gerecht werden. Während Häuser traditionell mit einem formellen Empfangszimmer ausgestattet sind, steht dafür in kleineren Apartments kein Platz zur Verfügung. Doch ohnehin machen die veränderten Lebensgewohnheiten die Einrichtung einer derartigen Räumlichkeit zunehmend überflüssig; wir sind viel beschäftigt und es gibt nur noch wenige Anlässe, wo es eines formellen Empfangszimmers bedarf. Das moderne Wohnzimmer muss deshalb einer Doppelfunktion gerecht werden: Es ist ein Ort, an dem Erholung und Interaktion auf gleiche angenehme Weise möglich sind.

De woonkamer is het hart van het moderne huis geworden. Vooral in appartementen is de woonkamer de voornaamste ruimte waar de bewoners ontspannen met elkaar omgaan en hun gasten ontvangen en bezighouden. Deze ruimte moet zowel comfortabel zijn alsook uitdrukking geven aan de smaak van de bewoners, en een zekere formaliteit bezitten die past bij de leefwijze en ontspanningsbehoeften. Vroeger hadden huizen een heuse zitkamer waar de gasten werden ontvangen; in moderne, kleinere appartementen is dit niet meer mogelijk. De veranderde leefwijzen maken een zitkamer overbodig; omdat we het steeds drukker hebben en onze vrije tijd op andere manieren inrichten, is er minder tijd om bij elkaar te komen. De woonkamer moet zodoende een dubbele functie vervullen: een ontspanningsruimte die ons van de buitenwereld afscheidt en een ruimte die het samenzijn met anderen mogelijk maakt.

La salle de séjour elle-même est devenue le cœur de la maison moderne. Notamment dans les appartements, elle est typiquement l'espace principal où les habitants se détendent et se retrouvent, et reçoivent les invités. C'est une pièce qui doit être confortable et exprimer les goûts des occupants, et être plus ou moins formelle suivant leur mode de vie et leur besoin de recevoir. Si les maisons peuvent contenir un salon de réception, les appartements moins spacieux ne peuvent se le permettre. L'évolution des styles de vie tend aussi à rendre obsolètes les salons de cérémonie ; avec la diversité des emplois du temps et la multiplication des activités, les réunions formelles se raréfient. La salle de séjour doit donc assumer la double fonction d'être un lieu de détente à l'écart du monde, et un espace propice aux relations sociales.

Das Wohnzimmer bildet den Brennpunkt und muss von vertrauter Atmosphäre sein.

De moderne woonkamer is zowel centrale ruimte alsook intieme plek.

La salle de séjour doit posséder une dimension centrale et intime.

art of the sixties

Die veränderten Lebensgewohnheiten machen die Einrichtung eines formellen Empfangszimmer zunehmend überflüssig.

De veranderde leefwijzen maken een zitkamer overbodig; omdat we het steeds drukker hebben en onze vrije tijd op andere manieren inrichten, is er minder tijd om bij elkaar te komen.

Avec la diversité des emplois du temps et la multiplication des activités, le concept du salon formel est dépassé.

063

Große offene Flächen bestimmen heutzutage immer mehr Charakter und Design eines Wohnzimmers.

Tegenwoordig wordt graag teruggegrepen op een benadering met open en toegankelijk ruimtes in luxe stijl.

Dans l'agencement résidentiel, le choix de l'espace ouvert pour les pièces communes est aujourd'hui largement adopté.

4 54

我有一條

Das Wohnzimmer ist ein Ort, der gemütlich sein und den Geschmack seiner Bewohner zum Ausdruck bringen soll, er muss einen gewissen Grad an Formalität besitzen und dabei gleichzeitig den Bedürfnissen der Bewohner gerecht werden.

De woonkamer moet zowel comfortabel zijn alsook uitdrukking geven van de smaak van de bewoners, en een zekere formaliteit bezitten die past bij de leefwijze en ontspanningsbehoeften.

La salle de séjour est une pièce qui doit être confortable et exprimer les goûts des occupants de l'appartement, et être plus ou moins formelle suivant leur mode de vie et leur besoin de recevoir.

KONVERSATION

esszimmer

In allen Kulturen verbindet die Nahrungsaufnahme die Menschen. Im asiatischen Kulturkreis hat sie traditionell nicht nur eine soziale, sondern auch rituelle Bedeutung, die sich im gemeinsamen Teilen der Speisen und Getränke manifestiert. Es ist ein sehr ausgiebiges Ritual, bei dem man konsumiert und sich unterhält. Der Abend ist deshalb traditionell eine sehr wichtige Tageszeit; hier kommt die Familie zum Essen zusammen.

CONVERSATIE

eetkamers

In alle culturen brengt eten mensen samen. In Aziatische culturen is eten traditioneel een sociale en enigszins religieuze gebeurtenis, waarbij eetborden en drankjes onderling worden gedeeld. De maaltijd wordt in fases genuttigd en er vinden voortdurend conversaties plaats. De avond is van oudsher een belangrijk moment van de dag omdat dan de hele familie voor het eten bij elkaar komt.

CONVERSATION

salles à manger

Dans toutes les cultures, le repas réunit les hommes. Dans les cultures asiatiques, manger est traditionnellement un acte social et rituel, un moment de partage et un processus de consommation graduel auquel se mêle la conversation. Le soir est traditionnellement un moment important de la journée, où toute la famille se réunit pour le dîner.

Der schnelllebige Alltag verlangt immer zunehmend nach flexiblen Essgewohnheiten sowohl in Bezug auf die Örtlichkeiten als auch die Tageszeiten, an denen wir etwas zu uns nehmen. Darüber hinaus verdrängt das Fernsehen immer mehr das gemeinsame Abendessen im Kreis der Familie, und Frühstücksbars erfreuen sich zunehmender Beliebtheit. War das Esszimmer ursprünglich ein abgetrennter Raum, wo sich die Familie zu einem festen Zeitpunkt versammelte und gemeinsam speiste, so ist es heute ein offener Raum, der die Küche mit dem Wohnzimmer verbindet. Nichtsdestotrotz ist der Esstisch unverändert ein wesentlicher Bestandteil der Wohnung geblieben und unterstreicht die zentrale Bedeutung des Wohnzimmers.
Maßgeblich bestimmt die Größe des Apartments, ob sich ein abgetrennter Raum als Esszimmer anbietet oder nicht. Ferner hängt eine Entscheidung aber auch vom persönlichen Ermessen ab, also davon, welchen Stellenwert man dem Essen gibt: Schätzt man ein gemeinsames Essen im Kreise der Familie oder offizielle gepflegte Abendessen sehr, so bietet ein Esszimmer eine ideale Umgebung, sich fernab von jeder Ablenkung ganz auf die Konversation und den Genuss zu konzentrieren.

De minder voorspelbare, moderne leefwijzen oriënteren zich graag aan onregelmatige eetgewoontes: uit eten of eten in eigen huis maar dan op wisselende tijdstippen. Ook de televisie heeft bijgedragen aan het praktisch verdwijnen van het familiediner en ontbijtcafe's zijn een gemakkelijk alternatief geworden voor de ochtendmaaltijd. Terwijl de eetkamer vroeger nog een aparte kamer vormde waar de gezinsleden elkaar op vaste tijdstippen ontmoetten om samen te eten, is ze nu een open ruimte die zich ergens tussen de keuken en de woonkamer bevindt. Toch is de eettafel nog steeds een niet weg te denken onderdeel van het huis. Ze bevestigt de woonkamer als middelpunt.
Afhankelijk van de grootte van uw appartement heeft u wellicht ruimte om een eetkamer in te richten. De keuze om deze kamer eventueel af te scheiden van de rest van de woning zal vooral te maken hebben met de waarde die u aan het dinerritueel toekent. Als u samen met uw familie wilt dineren, of de gastheer wilt zijn van meer formele etentjes, dan is een afgesloten eetkamer een prima manier om storende invloeden uit te sluiten. Zo concentreert alles zich op het eten en het gesprek.

Les styles de vie modernes moins prévisibles dictent souvent des habitudes alimentaires irrégulières – on dîne dehors, ou bien chez soi à des horaires divers. De plus, la télévision a pu être une menace pour le rituel du dîner en famille, et les bars des cuisines américaines sont devenus des lieux pratiques pour manger le matin. Alors que la salle à manger était naguère une pièce séparée, où la famille se retrouvait à heures fixes, c'est aujord'hui un espace ouvert, pris entre la cuisine et la salle de séjour. Pourtant, la table du repas reste une partie intégrante du foyer. Elle rejoint la salle de séjour dans sa fonction de point central. Suivant la taille de son appartement, on a ou non suffisamment d'espace pour une salle à manger séparée. La décision d'en faire une pièce fermée est aussi très liée au degré de formalité que l'on attribue au rituel du repas. Si le fait de manger en famille, ou de donner des dîners de cérémonie est important pour soi, fermer la salle à manger est une bonne façon de la protéger de tout ce qui peut nuire à sa fonction centrale de dégustation et de conversation.

Der schnelllebige Alltag verlangt zunehmend nach flexiblen Essgewohnheiten. Nichtsdestotrotz ist der Esstisch unverändert ein wesentlicher Bestandteil der Wohnung geblieben.

De minder voorspelbare, moderne leefwijzen hebben vaak onregelmatige eetgewoonten tot gevolg. Toch is de eettafel nog steeds een niet weg te denken onderdeel van het huis.

Les styles de vie moderne moins prévisibles dictent souvent des habitudes alimentaires irrégulières. Pourtant la table du repas reste une partie intégrante du foyer.

Der gekonnte Einsatz von Lichteffekten kann den Blick auf offene Essecken lenken.

Om eetkamers die niet van de rest van de woning zijn afgesloten toch een centrale plek in huis te geven, kan spelen met licht uitkomst bieden.

Les éclairages peuvent faire merveille pour définir l'espace du foyer dans une salle à manger non fermée.

Die Entscheidung, ob man ein Esszimmer einrichtet oder nicht, hängt stark vom persönlichen Ermessen ab, also davon, welchen Stellenwert man dem Essen gibt.

De keuze om de eetkamer af te scheiden van de rest van de woning heeft vooral te maken met de waarde die u aan het ritueel van het dineren toekent.

La décision de faire ou non de la salle à manger une pièce fermée est aussi fortement liée au degré de formalité que l'on donne au rituel du repas.

ZUBEREITUNG

küchen

Mit ihrer Fülle an Garmethoden und Zutaten ist die asiatische Küche eine sehr lebendige, farbenfrohe und aromatisch duftende Angelegenheit. Traditionell befindet sie sich bei den meisten asiatischen Häusern in einem abgelegenen Bereich, sei es im Hof oder sogar in einem separaten Gebäude.

CREATIE

keukens

Met zijn overvloed aan kookwijzen en ingrediënten is de oosterse keuken een drukke, kleurrijke, geurige en energieke aangelegenheid. De keukens in de meeste Aziatische huizen zijn traditioneel gevestigd op een perifere locatie, zoals een binnenplaats, of zelfs in een apart gebouw.

CRÉATION

cuisines

Avec sa profusion d'ingrédients et de recettes, la cuisine asiatique offre de nombreux plats colorés, parfumés, et souvent énergétiques. Dans beaucoup de maisons d'Asie, la cuisine occupe traditionnellement une position périphérique, dans une cour, ou même dans un bâtiment séparé.

Apartments und Häuser mit einem nutzeroffenen Planum haben die Küche aus ihrer isolierten Stellung herausgeholt und zu einem sehr wesentlichen Bestandteil der Wohnung gemacht. Die Küche erfüllt nicht länger nur rein funktionale Zweckmäßigkeit, sondern wird zu einem Ort, an dem Menschen interagieren und gemeinsam kreativ sein können. Die Rollenverteilung im Haushalt und der veränderte Lebensstil in den letzten 30 bis 40 Jahren spiegeln sich auch im Küchendesign deutlich wider: Die Küche ist von einem nahezu hermetisch abgeschlossenen zu einem offenen Raum geworden. Während das Design nach wie vor funktionalen Zwecken gerecht werden muss, lässt sich immer häufiger beobachten, dass die Küche eine Erweiterung des Wohnzimmers dargestellt. Der Koch ist während der Zubereitung der Speisen nicht mehr vom übrigen gesellschaftlichen Geschehen ausgeschlossen, sondern kann sich nach wie vor mit den Familienmitgliedern und Gästen unterhalten.

Open appartementen en woningen hebben wonderen verricht voor de keuken. Ze is niet langer een afgescheiden en geïsoleerde ruimte maar samengevoegd met de andere gemeenschappelijke ruimtes in huis. De keuken heeft haar puur functionele rol verloren en is een plek geworden waar mensen met elkaar omgaan en creatief bezig zijn. Sinds huishoudelijke taken en leefstijlen in de laatste dertig tot veertig jaar aan verandering onderhevig zijn geweest, is de keuken van een cel met vastgestelde vorm en grootte geëvolueerd in een representatieve ruimte met heldere en open lijnen. Terwijl het ontwerp blijft aansluiten bij de functionele eisen die eraan worden gesteld, is de keuken steeds meer een verlengstuk van de woonkamer geworden. De keukenchef van de familie is niet langer in een hoekje weggestopt, maar kan naar believen met de andere gezinsleden of gasten communiceren en ondertussen de maaltijd bereiden.

Les appartements et les maisons conçus sur le mode de l'espace ouvert ont fait des merveilles pour la cuisine, la sortant de son isolement pour l'associer avec d'autres espaces communs de la maison. La cuisine n'est plus un endroit purement fonctionnel, elle est devenue un espace où les gens peuvent se réunir et se livrer ensemble à une activité créatrice. Avec l'évolution, dans les trente à quarante dernières années, des rôles et des modes de vie domestiques, la cuisine s'est transformée – passant de la grotte de style modulaire à la vitrine aux lignes ouvertes et nettes. Bien que l'agencement de la pièce doive respecter les nécessités fonctionnelles, elle devient de plus en plus couramment une extension de la salle de séjour. La personne qui cuisine n'est plus isolée, et elle peut se mêler aux autres membres de la famille ou aux invités tout en préparant les repas.

Cuisinart
Cuisinart

Es lässt sich immer häufiger beobachten, dass die Küche eine Erweiterung des Wohnzimmers darstellt.

De keuken is steeds meer een verlengstuk van de woonkamer geworden.

La cuisine devient de plus en plus souvent une extension de la salle de séjour.

ENTSPANNUNG

schlafzimmer

Ruhe nimmt einen großen Stellenwert in der asiatischen Welt ein. Das Schlafzimmer, welches nunmehr an die Stelle des traditionellen Hofes als das Heiligtum der Privatsphäre getreten ist, ist ein Ort der Erholung, Entspannung und inneren Einkehr.

ONTSPANNING

slaapkamers

Rust neemt in oosterse culturen een zeer verheven plaats in. De slaapkamer die de binnenplaats als de heiligste plek van het huis heeft verstoten, is een plaats voor herstel, ontspanning en beschouwing.

RELAXATION

chambres

Les cultures asiatiques prônent le calme et la sérénité. La chambre, qui a remplacé la cour traditionnelle dans sa fonction de refuge le plus intime de la sphère domestique, est un lieu de récupération, de détente et de méditation.

Komfort und Gemütlichkeit sind die entscheidenden Faktoren, die es beim Design eines Schlafzimmers zu beachten gilt. Die wesentliche Aufgabe dieses Privatbereiches ist die Regeneration der körperlichen und geistigen Kräfte. Besondere Sorgfalt bei der Gestaltung sollte deshalb auf die Materialien, Lichtverhältnisse, Farben und Textilien gelegt werden – alle jene Elemente, die eine angenehme, erholsame Atmosphäre schaffen.
Verschiedene Formen der Abgrenzungen können über die Gestaltung von Fernstern ausgedrückt werden. Leichte, helle Vorhänge gewähren eine Privatsphäre, ohne jedoch das natürliche Licht auszugrenzen. Wer sich völlig zurückziehen möchte, kann den Raum komplett verdunkeln. Weitere Aparmtmenthäuser wiederum bieten einen atemberaubenden Ausblick, der zur Ruhe einlädt.

In slaapkamers bepalen comfort en tastbaarheid het ontwerp. De belangrijkste functie van dit private domein bij uitstek is lichaam en geest tot rust te laten komen. Het ontwerp moet daarom zijn gebaseerd op de keuze van de materialen, stoffen, verlichting en kleuren – allemaal elementen die bijdragen aan het creëren van een comfortabel privé-vertrek.
Een zekere graad van afscheiding valt op te maken uit de vensters: vriendelijke, doorschijnende gordijnen waarborgen een stukje privacy, maar houden natuurlijke lichtinval niet tegen. Indien gewenst houden dichte gordijnen de wereld buitenshuis. Woningen in appartemententorens hebben veelal prachtige vergezichten die rust bieden.

L'agencement de la chambre est dicté par le confort et le plaisir tactile. C'est un domaine privé essentiellement voué au repos de l'esprit et du corps. Sa conception doit donc se fonder naturellement sur une harmonie des tissus, des matières, des couleurs et des lumières – tous éléments qui contribuent au confort d'une retraite privée.
On peut aussi explorer les degrés de fermeture en jouant sur le choix des voilages et des tentures. Les rideaux légers et translucides permettront une certaine intimité, tout en laissant entrer la lumière naturelle, tandis que les rideaux épais bloqueront entièrement la vue sur le monde. Beaucoup d'appartements de gratte-ciels offrent des vues somptueuses et propices au repos.

Ansprechende Effekte können durch die Verwendung verschiedener Stoffe auf dem Bett erzielt werden.

Fraaie effecten worden bereikt met combinaties van verschillende weefsels op het bed.

On peut créer sur un lit des effets voluptueux en associant des étoffes de différentes textures.

Die wesentliche Aufgabe dieses Privatbereiches ist die Regeneration der körperlichen und geistigen Kräfte.

De belangrijkste functie van de slaapkamer is lichaam en geest tot rust te laten komen.

La chambre est un domaine privé essentiellement voué au repos de l'esprit et du corps.

Dämmeriges Licht spricht die Sinne an und sorgt für allgemeines Wohlbefinden.

Door het gebruik van dimlicht of indirecte verlichting worden fysieke, zinnelijke aspecten gestimuleerd – zoals lichamelijk comfort en voelbare gewaarwordingen.

Les éclairages tamisés accentuent les impressions des sens – le confort corporel et les sensations tactiles.

we are

BESINNUNG

badezimmer

Rituale sind ein wesentlicher Bestandteil traditioneller asiatischer Lebensart. Heutzutage haben sie jedoch nur noch wenig zu tun mit Spiritualität und Mystizismus, vielmehr spiegeln sie sich in alltäglichen Abläufen wie zum Beispiel dem Teegenuss oder dem Baden.

CONTEMPLATIE

badkamers

Rituelen hebben traditioneel een vaste plaats in de Aziatische leefwijzen. Maar rituelen in het moderne Azië hebben een andere betekenis dan vroeger. Tegenwoordig richten ze zich minder op spiritualiteit en het mystieke, maar keren ze terug in alledaagse activiteiten zoals theedrinken en baden.

CONTEMPLATION

salles de bains

Les rituels font partie intégrante du mode de vie traditionnel asiatique. Mais dans l'Asie contemporaine, ils ont acquis des significations nouvelles. Les rituels d'aujourd'hui sont moins liés à la spiritualité et au mysticisme, et ils sont davantage basés sur les activités quotidiennes, comme le bain et la dégustation du thé.

Mangelnder Platz ist eines der Hauptprobleme bei der Gestaltung eines Badezimmers. Der Einsatz von mattiertem Glas oder Glasbausteinen ist eine ideale Lösung: Das Bad ist abgetrennt, wird aber dennoch mit ausreichend Licht versorgt, wodurch es optisch größer wirkt. Einen ähnlichen Effekt erzielt man durch das Anbringen von großen Spiegeln oder Spiegelwänden über dem Waschbecken sowie durch große Fensterfronten einfallendes natürliches Licht.
Künstliches Licht kann entweder den gesamten Raum durchgehend angenehm beleuchten oder aber gedämpft sein, wobei in diesem Fall nur die wesentlichsten Bereiche wie Waschbecken oder Regale mit einer kräftigeren Lichtquelle hervorgehoben werden. Der Kombination von und Gestaltung mit Fliesen sind heute dank der großen Auswahl keine Grenzen mehr gesetzt: Die Wände können bis zur Decke oder aber auch nur bis zum Sockel verfliest werden. Wichtig ist, dass immer ausreichend Stauraum vorhanden ist.

Gebrek aan ruimte is vaak een probleem bij het ontwerpen van badkamers in appartementen. Als u weinig ruimte heeft, gebruik dan matglas of glasstenen. Zo kunt u de badkamer afscheiden van de kamer ernaast en gemakkelijk een privé-sfeer creëren. Omdat het licht dankzij het gebruik van glas vrij spel heeft, lijkt het alsof de badkamer groter is. Ook een grote spiegel of zelfs een spiegelwand over de hele muur boven de wastafel doet de badkamer groter voorkomen dan zij in werkelijkheid is. Zo'n effect kan ook worden bereikt met natuurlijk licht dat door grote vensters naar binnen schijnt.
Met overvloedig gebruik van kunstlicht kun je in badkamers snel een warme sfeer creëren. Of gebruik lampen die precies die plekken verlichten waar licht vereist is, zoals de wastafel en decoratieve nissen. De grote keuze aan tegels maken fraaie wandstructuren mogelijk. U kunt de tegels tot aan het plafond aanbrengen, of tot op schouderhoogte. Zorg ervoor dat u voldoende afgesloten opslagruimte heeft, zodat het zicht op de veelheid aan badkamerartikelen minimaal is.

Le manque d'espace est un des soucis majeurs causés par l'agencement d'une salle de bains dans un appartement. Dans un petit espace, le recours à une vitre opaque ou à des briques de verre pour séparer la salle de bains de la pièce voisine garantira l'intimité, mais la transmission de la lumière aidera aussi à donner l'impression d'un endroit plus vaste. Poser un grand miroir, ou même couvrir de glaces, le mur derrière le lavabo, créera aussi une plus grande impression d'espace, un effet qui peut être accentué en inondant la salle de bains de lumière naturelle en perçant de larges fenêtres.

À l'intérieur de la salle de bains, la lumière artificielle peut être copieusement utilisée pour créer un environnement chaleureux, ou être au contraire tamisée, concentrée sur les points essentiels comme le lavabo ou les étagères. De nos jours, un très grand choix de carrelages permet de créer d'intéressants effets de texture. On peut carreler les murs jusqu'au plafond, ou bien juste à hauteur des plinthes. Veillez à ménager des espaces de rangement suffisants, pour diminuer l'impression d'encombrement des produits de toilette.

Wie in der Natur kann Wasser in der Architektur eine kraftvolle und romantische Stimmung erzeugen.

Water zorgt voor krachtige en dichterlijke accenten, en wordt daarom graag in het domein van de architectuur toegepast.

Dans le domaine architectural, comme dans l'environnement naturel, l'eau peut être une force puissante et poétique.

Dem Baderitual haftet schon fast etwas Besinnliches an. Ein Bad am Ende eines anstrengenden Tages verlangt nach einer entspannenden, meditativen Atmosphäre.

Wassen kan heel kloosterachtig aandoen. Om na een drukke dag ontspannen te kunnen baden, is een ruimte vereist die ontspanning en contemplatie mogelijk maken.

Le rituel des ablutions a quelque chose de quasi-monastique. Le plaisir du bain à la fin d'une journée chargée nécessite un environnement propice à la contemplation et à la détente.

Der Kombination von und Gestaltung mit Fliesen sind heute dank der großen Auswahl keine Grenzen mehr gesetzt.

De grote keuze aan tegels maakt fraaie wandstructuren mogelijk.

De nos jours, un très grand choix de carrelages permet de créer d'intéressants effets de texture.

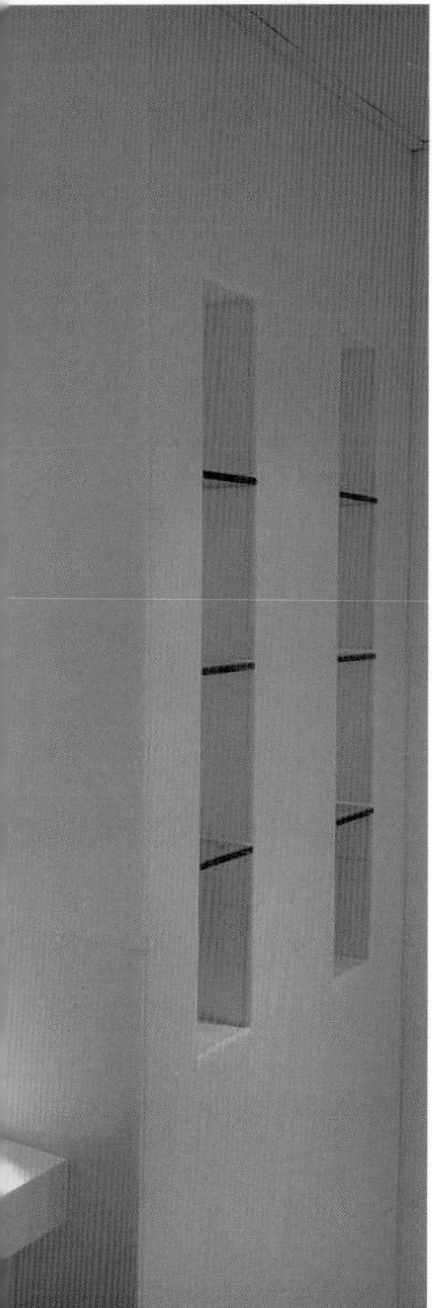

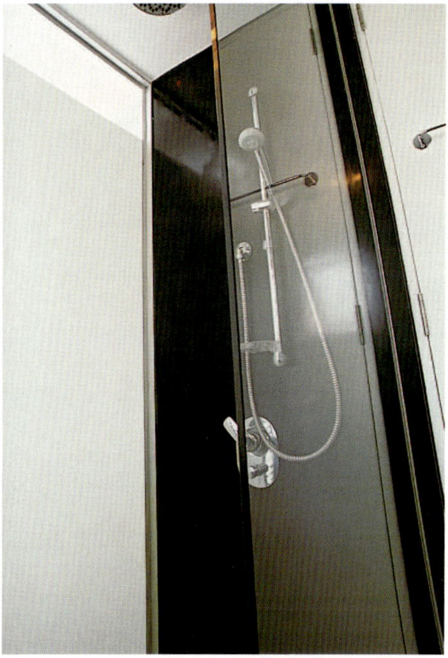

UNTERBRECHUNG

durchlässe

In der asiatischen Architektur haben Durchlässe oft eine markante Form, denn sie markieren den Übergang zwischen den verschiedenen Räumlichkeiten der öffentlichen und der Privatsphäre. Als Antwort auf die klimatischen Bedingungen sind großzügige Durchlässe in tropischen Regionen zum unerlässlichen Bestandteil der lokalen Bautechniken geworden und zeigen eine Fülle regionaler Ausprägungen.

ONDERBREKINGEN

openingen en doorgangen

Doorgangen hebben in de Aziatische architectuur vaak opvallende vormen. Dat komt omdat ze belangrijke representaties zijn van overgangen tussen het publieke en private leven. In tropische gebieden zijn grote openingen in de muren onderdeel van inheemse bouwtechnieken. Daar fungeerden ze in eerste instantie als een antwoord op de klimatologische omstandigheden, maar ontwikkelden ze zich later als een manier om regionale kenmerken uit te drukken.

PONCTUATION

ouvertures

Dans l'architecture asiatique, les ouvertures ont souvent des formes significatives, car elles symbolisent la transition entre les sphères où s'échelonne le passage du public au privé. Dans les zones tropicales, les vastes ouvertures font partie intégrante des techniques de construction locales, et elles sont devenues, sous l'effet des conditions climatiques, un riche mode d'expression régionale.

Die Art und Weise, wie Durchlässe arrangiert und in das Gesamtkonzept integriert werden, ist von entscheidender Bedeutung. In einer kleinen Wohnung kann ein geschickter Umgang mit Durchlässen deutlich zur optischen Vergrößerung, zu einem optimalem Lichteinfall und einer verbesserten Luftzirkulation beitragen. Während Türen und Fenster die Räume physisch miteinander verbinden und die Richtung weisen, können sie ebenso als ein Medium – ein Filter sozusagen – eingesetzt werden, das mit den räumlichen Gegebenheiten spielt.
Durchlässe können entweder geschlossen sein, um Bereiche klar voneinander zu trennen, oder aber weit beziehungsweise halb geöffnet sein, wodurch ein Spannungsverhältnis erzeugt wird. Sie bestimmen das Wechselspiel zwischen dem Öffentlichen und Privaten, dem Sein und dem Nichtsein, dem Gefühl von Sicherheit und Verwundbarkeit, Licht und Schatten.

Openingen vormen een van de belangrijkste elementen in een ruimte. In appartementen, waar ruimte meestal een schaars goed is, kunnen met behulp van een slimme choreografie en het gebruik van openingen en doorgangen opmerkelijke ruimtelijke en visuele effecten worden bereikt. Terwijl deuren en ramen ruimtes fysiek met elkaar verbinden en de bewegingsrichting in een huis bepalen, dienen ze ook als filters die het mogelijk maken met de ruimte te spelen, haar te overlappen, te verweven en in door te dringen.
Openingen en doorgangen kunnen worden afgesloten zodat de verbindingen tussen twee ruimtes en tussen binnen-buiten verdwijnen, of ze blijven geheel of gedeeltelijk open en creëren dubbelzinnige verbindingen. Doorgangen kunnen zo worden toegepast dat ze als het ware spelen met de verbindingen tussen de private sfeer en de publieke, tussen vol en leeg, tussen gevoelens van zekerheid en kwetsbaarheid, tussen schaduw en licht.

Les ouvertures, et la qualité et la quantité des matériaux qui les composent, sont un des éléments essentiels d'un espace. Dans un appartement, où la place est souvent limitée, une chorégraphie intelligente et une bonne compréhension des ouvertures peut modifier considérablement l'impression d'espace et la circulation de l'air et de la lumière. Si les portes et les fenêtres relient physiquement les pièces et canalisent la direction du mouvement, elles peuvent aussi servir de filtres qui jouent sur la circulation, le chevauchement, le mélange et la pénétration des espaces.

Les ouvertures peuvent être fermées pour marquer une rupture entre l'intérieur et l'extérieur ou entre les espaces, ou bien être entièrement ou partiellement ouvertes pour créer des rapports ambigus. Elles peuvent être orchestrées de manière à jouer sur le rapport entre le public et le privé, le vide et le solide, les sentiments de vulnérabilité et de sécurité, l'ombre et la lumière.

Durchlässe können entweder geschlossen sein, um Bereiche klar voneinander zu trennen, oder aber weit beziehungsweise halb geöffnet sein, wodurch ein Spannungsverhältnis erzeugt wird.

Doorgangen kunnen worden afgesloten zodat de verbindingen tussen twee ruimtes en tussen binnenbuiten verdwijnen, of ze blijven geheel of gedeeltelijk open en creëren ambigue verbindingen.

Les ouvertures peuvent être fermées pour marquer une rupture entre l'intérieur et l'extérieur ou entre les espaces, ou elles peuvent être entièrement ou partiellement ouvertes pour créer des rapports ambigus.

Sie bestimmen das Wechselspiel zwischen dem Öffentlichen und Privaten, dem Sein und dem Nichtsein, dem Gefühl von Sicherheit und Verwundbarkeit, Licht und Schatten.

Openingen kunnen worden gebruikt om te spelen met verbindingen tussen de privé-sfeer en de publieke, tussen vol en leeg, tussen gevoelens van zekerheid en kwetsbaarheid, tussen schaduw en licht.

Les ouvertures peuvent être orchestrées de manière à jouer sur le rapport entre le public et le privé, le vide et le solide, les sentiments de vulnérabilité et de sécurité, l'ombre et la lumière.

Mit Hilfe von Durchlässen lassen sich Räumlichkeiten und ihre Bezüge spielerisch in Szene setzen.

Openingen dienen als filters die het mogelijk maken met de ruimte te spelen, haar te overlappen, te verweven en in door te dringen.

Avec les ouvertures, on peut jouer sur la circulation, le chevauchement, le mélange et la pénétration des espaces.

BELEUCHTUNG

licht

Im traditionellen asiatischen Hofhaus können die verschiedenen Räume unterschiedliche Lichtintensität haben. Der Hof ist selbstverständlich hell und transportiert viel Licht in die angrenzenden Räume. Dagegen sind Korridore, als schlichte Durchgangszonen, dunkel und mit weniger Lichtquellen ausgestattet.

ILLUMINATIE

verlichting

In een traditioneel Aziatisch huis met een binnenplaats varieert de intensiteit van het licht per ruimte. De binnenplaats zelf is overdag natuurlijk fel verlicht en straalt licht door naar de aangrenzende ruimtes. Corridors, die helemaal zijn gericht op de voortbeweging van het lichaam, zijn meestal donkerder. Ze hebben hun eigen, bijzondere lichtspel.

ILLUMINATION

éclairage

Dans une maison asiatique traditionnelle conçue autour d'une cour, l'intensité de la lumière varie suivant les espaces intérieurs de la maison. La cour elle-même est bien sûr lumineuse, et diffuse de la lumière dans les pièces qui l'entourent. Les couloirs, n'ayant pour seule fonction que le mouvement des corps, sont typiquement sombres, avec de rares foyers lumineux.

Vielleicht ist es gerade das Unendliche, nicht Greifbare, was das Licht zum prägenden Bestandteil eines jeden Raumes macht. Ohne das Licht wäre der Raum nicht sichtbar. Wie ein Raum letztendlich in seiner Größe und Atmosphäre – verträumt, intensiv, warm, kalt, steril, einladend, abweisend – wahrgenommen wird, hängt maßgeblich von der Beleuchtung ab.
Ebenso steht die Funktion eines Raumes zu seiner Atmosphäre in einem engem Zusammenhang: Arbeitszimmer verlangen nach hellem Licht, Ruhezonen dagegen nach gedämpfter Beleuchtung.
Bei der Planung müssen zu allererst die natürlichen Lichtverhältnisse berücksichtigt werden: Wie optimal sind sie und wie variieren sie zu bestimmten Tages- und Jahreszeiten. Diese Beobachtungen entscheiden letztlich darüber, wie viele künstliche Lichtquellen benötigt werden.

Hoewel licht etherisch is, onaantastbaar, dimensieloos en niet voelbaar, drukt het toch zijn stempel op iedere ruimte. Zonder licht zouden we ruimte niet eens kunnen zien. De verlichting van een ruimte beïnvloedt niet alleen grootte en sfeer – dromerig, intens, warm, koud, intiem, steriel, zacht, hard – maar kan ook de functie ervan onderstrepen. Bijvoorbeeld, werkruimtes hebben veel en gericht licht nodig, terwijl ontspanningsruimtes beter uitkomen met dimlicht.
Het plannen van kunstverlichting in uw appartement vereist op de eerste plaats een nauwkeurige inschatting van de natuurlijke lichtinval. Probeer de lichtkwaliteit in de bewoonde ruimtes te leren kennen door die te vergelijken aan de hand van verschillende tijdstippen en seizoenen.
Dit helpt u te bepalen hoeveel kunstlicht u overdag nodig heeft, en of die verschilt van de hoeveelheid die tijdens de avonden vereist is.

Bien que la lumière elle-même soit intangible et éthérée, non mesurable et impalpable, c'est peut-être l'élément qui définit tous les espaces. Sans lumière, après tout, nous ne serions même pas capables de voir l'espace. L'éclairage d'une pièce peut influencer la perception de sa taille et de son ambiance – harmonieuse, intense, chaude, froide, intime, aseptisée, douce, dure –, et suggérer aussi la nature de sa fonction. Par exemple, les espaces dévolus au travail requièrent une lumière vive, concentrée, alors que les espaces de détente peuvent avoir des lumières tamisées.
Le choix de l'éclairage artificiel d'un appartement nécessite, tout d'abord, une prise en compte des effets de la lumière naturelle. Il faut considérer sa qualité dans la région, et son intensité à différents moments du jour et de l'année. Cela aide à déterminer la quantité de lumière naturelle nécessaire dans la journée, et si elle diffère de la quantité dont on a besoin dans la soirée.

Provence Interiors
MARKETING PLACES

Lichtinstallationen können unzählige Lichteffekte erzeugen.

Licht zorgt voor een palet van effecten.

Les appareils d'éclairage peuvent créer une myriade d'effets de lumière.

Vielleicht ist es gerade das Unendliche, nicht Greifbare, was das Licht zum prägenden Bestandteil eines jeden Raumes macht.

Licht is etherisch, onaantastbaar, dimensieloos en niet voelbaar, en toch drukt het zijn stempel op iedere ruimte.

La lumière elle-même est intangible et éthérée, impalpable et non mesurable. Pourtant, c'elle peut-être elle qui définit tous les espaces.

Bei der Planung müssen zu allererst die natürlichen Lichtverhältnisse berücksichtigt werden.

Het plannen van kunstverlichting in uw appartement vereist op de eerste plaats een nauwkeurige inschatting van de natuurlijke lichtinval.

Le choix de l'éclairage artificiel d'un appartement nécessite, tout d'abord, une prise en compte des effets de la lumière naturelle.

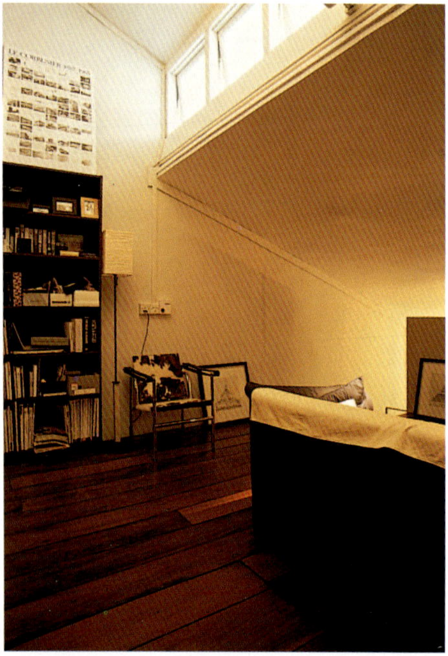

KOMPOSITION

farben

Von natürlichen Materialien und Landschaften inspiriert, wird die asiatische Farbpalette vornehmlich von sanften Erdtönen bestimmt: Braun, Cremefarben und Weiß sind die Grundtöne, hier und da von kräftigem Rot oder einer anderen mit Tradition und Ritual in Bezug stehenden Farbe durchbrochen.

COMPOSITIE

kleuren

Geïnspireerd door natuurlijke materialen en landschappen bestaat het Aziatische kleurenpalet voornamelijk uit zachte aardtonen - bruin, crème en wit vormen de basiskleuren, slechts hier en daar afgewisseld door fel rood of een andere kleur die met traditie of religie verband houdt.

COMPOSITION

couleurs

Inspirée des paysages et des matières naturelles, la palette de couleurs asiatique est surtout composée des nuances apaisantes de la terre - les bruns, les crèmes et les blancs sont les couleurs de base, ponctuées ça et là par un rouge vif, ou par une autre teinte liée à la tradition ou à la religion.

Farbe ist wichtig beim Design. Ein einziger, farbiger Gegenstand in einem neutralen Zimmer kann zum Blickfang werden. Licht unterstützt zwar die Wahrnehmung der Farben, dennoch erklären Experten der Farbtheorie, dass Farbe nicht nur gesehen, sondern auch emotional empfunden wird. Und in der Tat rufen unterschiedliche Farben bestimmte Reaktionen in uns hervor. Sie haben Bedeutungsinhalte und letztlich wird die farbliche Gestaltung eines Apartments damit zu einer sehr persönlichen Angelegenheit. Die Farben, die uns am stärksten beeindrucken, sollten den Ausgangspunkt aller weiteren Planung bilden.
Auch müssen die Lichtverhältnisse eines Raumes zu bestimmten Tageszeiten und bei künstlichem Licht berücksichtigt werden, denn sie können ebenso wie die Jahreszeiten großen Einfluss auf die Wirkungskraft der Farben haben.

Kleuren vormen een krachtig element in ieder ontwerp. Een gekleurd voorwerp in een neutrale ruimte trekt onmiddellijk de aandacht, en drukt de rest naar de achtergrond. Dankzij licht is het mogelijk dat we kleuren kunnen waarnemen, maar sommige deskundigen op het gebied van licht en kleuren beweren zelfs dat kleuren gevoeld kunnen worden. En inderdaad is het zo dat mensen hun voorkeur uitspreken voor verschillende kleuren. Deze individuele kleurpreferenties benadrukken dat de kleuren in uw appartement een strikt persoonlijke aangelegenheid zijn. Begin daarom met te bepalen welke kleurcombinaties u het meeste aanspreken.
Bij het kiezen van kleuren doet u er goed aan de stalen te bekijken op meerdere tijdstippen gedurende de dag en bij kunstlicht. De voortdurend wisselende lichtinval laat kleuren er steeds weer anders uitzien en ook de seizoenen hebben een invloed op kleuren.

La couleur joue un rôle puissant dans l'aménagement d'un appartement. Un seul objet de couleur vive dans une pièce neutre attirera l'œil, éclipsant tout le reste. La lumière est bien sûr l'élément qui facilite notre perception chromatique, mais les spécialistes de la théorie de la couleur soutiennent qu'une teinte n'est pas seulement vue – elle est aussi ressentie émotionnellement. En effet, les couleurs ont tendance à avoir une résonance différente suivant les individus. Le choix d'une gamme de nuances pour un appartement est donc une affaire très personnelle et quand on sélectionne des couleurs, il faut opter pour celles qui nous touchent.

Lorsque l'on choisit ses couleurs, il faut promener des échantillons dans les pièces à divers moments de la journée et sous la lumière artificielle. Les couleurs peuvent être tansformées par les conditions de lumière, et les différentes saisons ont aussi un grand impact sur elles.

Die Farben, die uns am stärksten beeindrucken, sollten den Ausgangspunkt aller weiteren Planung bilden.

Vraag uzelf bij het uitzoeken van de kleuren welke kleurcombinaties u het meeste aanspreken.

Pour sélectionner ses couleurs, il faut choisir celles qui nous touchent.

Farben haben Bedeutungsinhalte und letztlich wird die farbliche Gestaltung eines Apartments damit zu einer sehr persönlichen Angelegenheit.

Individuele kleurpreferenties benadrukken dat de kleuren in uw appartement een strikt persoonlijke aangelegenheid zijn.

Comme la perception de la couleur varie suivant les individus, le choix d'une gamme de couleurs pour un appartement est une affaire très personnelle.

4:50
7/25 TUE
THE BOX MAN

Farbe kann gezielt zur Steigerung der Raumwahrnehmung und optischen Vergrößerung eingesetzt werden.

Kleuren lenen zich uitstekend om te spelen met de grootte en ruimtelijke indeling van een kamer.

On peut jouer sur la couleur pour modifier la perception des dimensions et de la conception spatiale d'une pièce.

AKZENTUIERUNG

texturen und strukturen

Traditionelle asiatische Architektur umgibt ein Hauch von Sinnlichkeit. Die Bandbreite von natürlichen Materialien wie Holz, Rattan, Bambus und Stein und ihre stilvolle Kombination verleihen der Architektur eine besondere Anziehungskraft und demonstrieren meisterhaftes Können.

ACCENTEN

texturen en stoffen

De traditionele Aziatische architectuur heeft altijd een soort van sensualiteit in zich meegedragen. Haar palet van natuurlijke materialen, zoals timmerhout, rotan, bamboe en steen, en haar subtiele articulatie van verbindingen hebben haar een charme verleend die voelbaar menselijk is.

ACCENTUATION

tissus et textures

L'architecture asiatique traditionnelle a toujours été imprégnée de sensualité. L'articulation délicate de ses structures, et sa palette de matériaux naturels comme le bois, le rotin, le bambou et la pierre, lui ont donné une dimension de séduction qui est immédiatement palpable.

Texturen und Strukturen können die Härte von robusten Flächen und Einfassungen, die das moderne Design heute prägen, mildern, und darüber hinaus einen interessanten Eindruck von Mehrschichtigkeit erzeugen. Texturen können zwei- oder dreidimensional sein – während zweidimensionale aus Mustern bestehen, haben dreidimensionale Texturen eine Tiefenwirkung, hervorgerufen durch das Spiel von Licht und Schatten. Zweidimensionale eignen sich am besten für Wände und Böden, die sehr widerstandsfähig sein müssen. Natürliche Strukturen im Stein können bei geschicktem Arrangement der aus ihnen hergestellten Fliesen interessante Muster an Wänden und Böden hervorbringen. Auch Holzbohlen verschiedenster Länge und Breite, Parkett, Kork, Teppiche, polierte Beton- sowie Keramikfliesen unterschiedlichster Farbe und Oberflächenbeschichtungen eignen sich alle für gelungene zweidimensionale Effekte. Dreidimensionale Texturen kommen am besten auf Betten und Sofas – also jenen Plätzen, wo man sich ausruht – oder aber auf Teppichen zur Geltung. Optische Besonderheiten können ebenfalls für dreidimensionale Effekte genutzt werden, wie zum Beispiel eine Wandverkleidung aus grob behauenem Stein oder eine grob verputzte Wand. Die Beschaffenheit der Oberfläche kann durch die geschickte Ausleuchtung der Höhen und Tiefen verstärkt und betont werden, wie überhaupt Licht selber auch interessante Licht- und Schattenspiele erzeugen kann.

Texturen en stoffen verzachten het bijna wiskundige karakter van rechtlijnige ruimtes en vormen – die voor moderne appartementen nu eenmaal karakteristiek zijn – en hebben de eigenschap dat je er fraaie, gestapelde effecten mee kunt creëren. Texturen zijn twee- of driedimensionaal; tweedimensionale oppervlaktestoffen bestaan uit patronen, driedimensionale texturen hebben diepte die door licht en schaduw benadrukt worden. Tweedimensionale weefsels doen het goed aan muren en op vloeren die aan intensief gebruik zijn blootgesteld. Dankzij de natuurlijke textuur van steen kan men, door tegels uit dezelfde steen op een lijn naast elkaar te plaatsen, prachtige muur- of vloercomposities creëren. Houten vloerplanken van verschillende lengte en breedte, parket, kurk, vloerkleden, gepolijste betonnen en keramische tegels in diverse kleuren en afwerkingen, allemaal bieden zij fraaie tweedimensionale texturen. Driedimensionale texturen komen het beste tot hun recht op plaatsen waar het lichaam zich neervlijt, zoals op het bed, in de zitkamer of op een kleed in de woonkamer. Met driedimensionale texturen kun je ook visuele effecten creëren, zoals een muur van uitgehouwen steen of een ruwgepleisterde muur. Zulke

oppervlakken worden nog fraaier als de verschillende lagen door licht beschenen worden. Maar ook het spel met licht en schaduw alleen kan bijzonder mooie texturen opleveren.

Les textures et les tissus peuvent atténuer la dureté des volumes et des plans solides qui caractérisent les aménagements contemporains, tout en créant dans le même temps un intéressant effet de strates. La texture peut être bi-ou tri-dimensionnelle – bidimensionnelle, elle est composée de motifs, et tridimensionnelle, elle possède une profondeur que révèlent l'ombre et la lumière. Les textures bidimensionnelles conviennent mieux aux murs, et aux sols qui subissent beaucoup de va-et-vient. Les motifs naturels de la pierre peuvent créer de belles compositions quand on aligne côte à côte des carreaux coupés dans la même pierre. Les lattes de plancher en bois de longueurs et largeurs différentes, le parquet, le liège, les tapis, le béton poli, les carreaux de céramique jouant sur la diversité des degrés de finition et des couleurs, peuvent créer de belles textures bidimensionnelles.

Les textures tridimensionnelles sont mieux appréciées dans les lieux où le corps s'attarde, comme le lit, le salon, ou un tapis de caractère dans la salle à manger. On peut aussi obtenir des effets visuels avec des textures tridimensionnelles, ainsi un revêtement mural fait avec une couche de plâtre irrégulière, ou bien avec des pierres grossièrement taillées. Ces surfaces peuvent devenir somptueuses quand la profondeur de la texture est mise en valeur par l'éclairage. Ce dernier peut lui-même créer des textures fascinantes, par des jeux d'ombre et de lumière.

Texturen und Strukturen können einen interessanten Eindruck von Mehrschichtigkeit erzeugen.

Met texturen en stoffen kun je fraaie, gestapelde effecten creëren.

Les textures et les tissus peuvent créer un intéressant effet de strates.

竹の子や

Schlichte Ästhetik entsteht, wenn Texturen und Strukturen den Blick fesseln, den Tastsinn ansprechen und der Seele schmeicheln.

Met behulp van texturen en stoffen worden op eenvoudige wijze esthetische elementen toevoegd. Het zijn ware blikvangers die bovendien van goede smaak getuigen.

On peut conserver une esthétique épurée en jouant sur des tissus et des textures qui captent le regard, stimulent le sens du toucher, et enrichissent l'âme.

we are
the artwork of GOD

Kunstobjekte, mit denen wir unsere Häuser schmücken, bringen unseren Geschmack und unsere Wünsche zum Ausdruck. Sie schmeicheln der Seele und erzählen von der Vergangenheit und Zukunft – ganz so, wie sie von uns im Laufe der Zeit unterschiedlich wahrgenommen und begriffen werden. Kunst und Bildhauerei können eine interessante visuelle und konzeptionelle Bereicherung für den Raum sein.
Als Teil der Innenarchitektur vermögen sie einen entscheidenden Beitrag zur Betonung des Gesamtkonzeptes zu leisten. Anstatt sie als bloße dekorative Objekte zu begreifen, können sie zur visuellen und konzeptionellen Abrundung des gesamten Arrangements beitragen. Zudem ist Kunst Kommunikation, sie belebt jeden Raum und erzählt Geschichten über ihn und die Person, die dahintersteht.

De kunstvoorwerpen waarmee we onze huizen verfraaien, zijn een uitdrukking van onze verlangens en smaak. Dit «voedsel voor de ziel» vertelt ons over het verleden en de toekomst, en onze waarnemingen die met de tijd veranderen. Kunst en beeldhouwwerken voegen spannende visuele en conceptuele dimensies toe aan het interieur.
Hoewel kunst en sculpturen feitelijk een ondergeschikte rol spelen in de binnenhuisarchitectuur, zijn ze wel degelijk in staat ontwerpen te versterken en te benadrukken. In plaats van kunst en sculpturen alleen als decoratieve elementen te zien, kunnen ze zo worden opgesteld dat ze een ruimte visueel en conceptueel aanvullen. Bovendien is kunst conversatie: ze brengt een ruimte tot leven en vertelt verhalen over die ruimte en de persoon die erin woont.

Les statues et les objets d'art que nous choisissons pour décorer nos maisons sont une expression de nos goûts et de nos désirs. C'est une nourriture de l'âme qui nous parle du passé et du futur, car nos perceptions artistiques évoluent avec le temps. L'art la sculpture peuvent ajouter à nos intérieurs des dimensions conceptuelles et visuelles fascinantes.
Telle une intrigue secondaire dans l'architecture intérieure, les œuvres d'art et les statues peuvent jouer un rôle important dans l'accentuation et le renforcement du projet d'aménagement. Au lieu d'être considérées comme de simples objets décoratifs, elles peuvent apporter à l'espace un complément visuel et conceptuel par leur disposition. De plus, l'art peut devenir un élément très parlant ; il anime n'importe quel espace, en évoquant la vie de l'endroit lui-même et de ses occupants.

我有一條美麗的裙子。

Kunst und Bildhauerei können eine interessante visuelle und konzeptionelle Bereicherung für den Raum sein.

Kunst en sculpturen voegen aan een ruimte visuele en conceptuele dimensies toe.

L'art et la sculpture peuvent ajouter à un intérieur une dimension visuelle et conceptuelle fascinante.

SURGERY IN PROGRESS

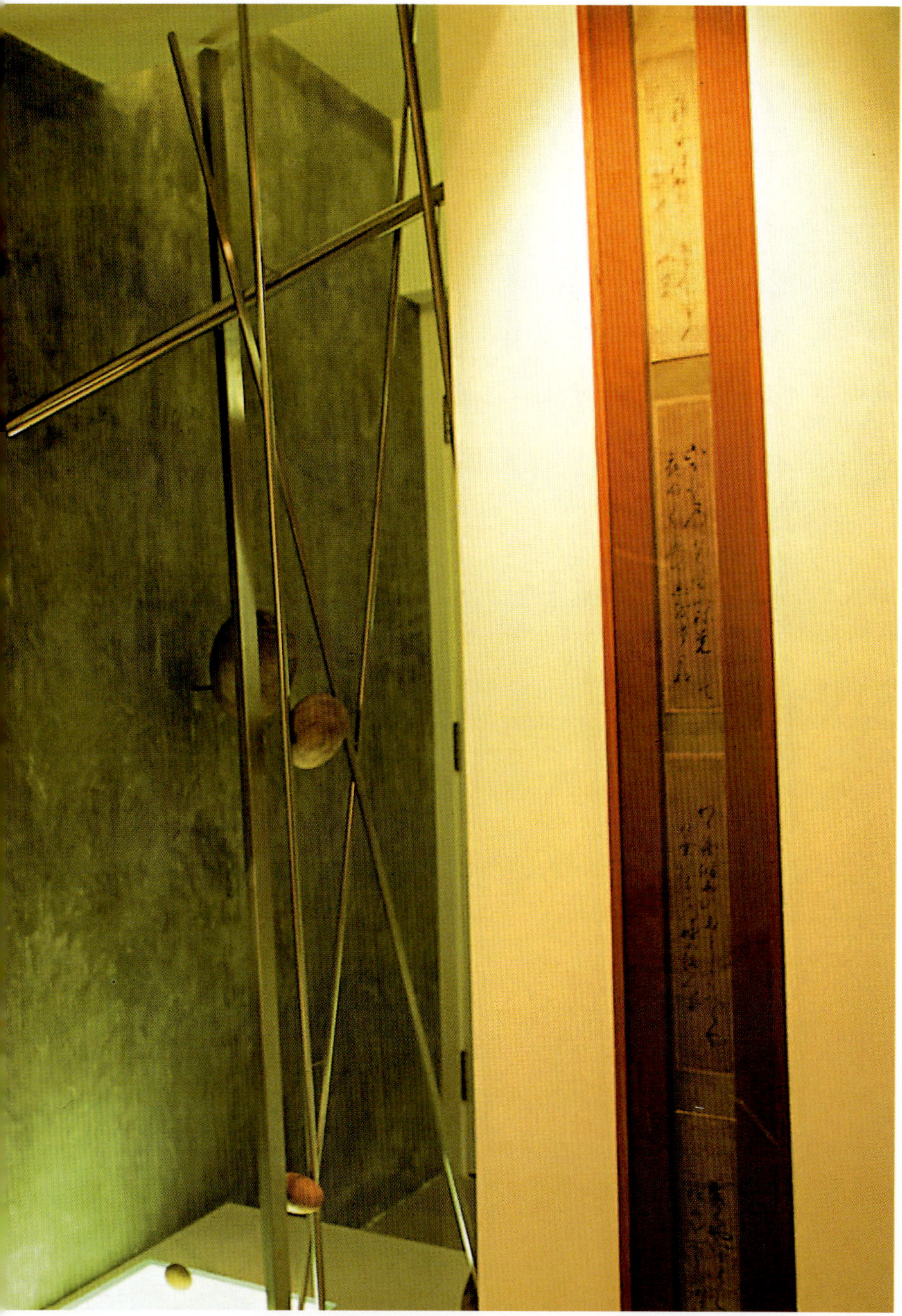

Als Teil der Innenarchitektur vermögen Kunstobjekte einen entscheidenden Beitrag zur Betonung der Gesamtkonzeptes zu leisten.

Hoewel kunst en sculpturen feitelijk een ondergeschikte rol spelen in de binnenhuis-architectuur, zijn ze wel degelijk in staat ontwerpen te versterken en benadrukken.

Telle une intrigue secondaire dans l'architecture intérieure, les œuvres d'art et les statues peuvent jouer un rôle important dans l'accentuation et le renforcement du projet d'aménagement.

art of the sixties
from the ludwig museum
the tel aviv museum may-july

ABRUNDUNG

dekorative accessoires

Asiatische Räume sind in der Regel weder pompös noch extravagant ausgestattet. Oft dient das bis ins kleinste Detail geplante und arrangierte Mobiliar nützlichem und dekorativem Zweck in einem.

INTEGRATIE

decoratieve accessoires

Aziatische interieurs zijn over het algemeen gesproken niet extravagant of flamboyant aangekleed. De meeste, vaak rijk versierde meubels hebben zowel een nuttige als een decoratieve functie.

INTÉGRATION

accessoires décoratifs

Les intérieurs asiatiques ne sont généralement pas décorés de manière voyante ou luxueuse. Souvent, un mobilier à la composition très détaillée joue une double fonction utilitaire et décorative.

Dekorationen müssen nicht üppig sein: Weniger ist oft mehr. Schmückendes Beiwerk sollte prägnant sein, wie Poesie, und der restlichen Einrichtung angemessen. Ein einzelner Gegenstand reicht schon aus, um einen Platz zu einem Blickfang werden zu lassen. Gekonnt inszenierte Dekoration verleiht dem Gesamtkonzept Halt und bereichert den Raum. Accessoires können einem bestimmten Thema folgen und dem Raum dadurch eine zusätzliche Bedeutungsebene verleihen.
Sich das dekorative Potenzial von schlichten Gegenständen zu Nutze zu machen, ist eine optimale Lösung zur Aufwertung der Wohnung, ohne dabei große Investitionen in luxuriöse Kunstwerke tätigen zu müssen.

Gebruik decoratieve accessoires met mate. Vaak is minder juist méér. Het aanbrengen van accessoires moet beknopt zijn, net als poëzie, en passen bij het interieur. Een enkel voorwerp ter versiering is meestal genoeg om een ruimte diepte en stijl te geven. De juiste accessoires vormen de laatste puzzelstukjes van het ontwerpschema en verrijken en versterken het karakter van een ruimte. Accessoires vertellen een verhaal – ze voegen een extra betekenislaag aan het interieur toe. Relatief eenvoudige voorwerpen hebben vaak genoeg decoratieve kracht om uw appartement tot leven te wekken.

Les accessoires décoratifs n'ont pas besoin d'être excessifs. La sobriété peut souvent être plus élégante qu'une décoration négligée. Les accessoires doivent être dépouillés, comme la poésie, et aller avec le reste de l'intérieur. Un seul élément décoratif suffit souvent à imprégner un espace d'une grande profondeur. Un bon choix d'accessoires peut régler les derniers détails d'un plan d'aménagement, et enrichir et rehausser le caractère d'un espace. Les accessoires peuvent évoquer un thème ou une histoire – en ajoutant à un intérieur une nouvelle dimension. Exploiter le potentiel décoratif des objets simples peut être un excellent moyen d'égayer un appartement quand ne peut pas s'offrir le luxe des beaux-arts.

Dekorationen müssen nicht üppig sein:
Weniger ist oft mehr.

Gebruik decoratieve accessoires
met mate. Vaak is minder juist méér.

Les accessoires décoratifs n'ont pas besoin
d'être excessifs. La sobriété est souvent
plus élégante que la profusion.

CIA

福

Schmückendes Beiwerk sollte prägnant sein, wie Poesie, und der restlichen Einrichtung angemessen.

Het aanbrengen van accessoires moet beknopt zijn, net als poëzie, en ze moeten passen bij het interieur.

Les accessoires doivent être dépouillés, comme la poésie, et aller avec le reste de l'intérieur.

ALIEN
Tom Clancy
Debt of Honor
TOM WOLFE
THE BONFIRE OF THE VANITIES
ATLAS SHRUGGED
AYN RAND
GUERNICA
NORMAN VINCENT PEALE
GOD
CAUSE OF DEATH
STUART WOODS
NEW YORK DEAD
SATANIC VERSES
Salman Rushdie
WILLIAM STEVENSON
THE REVOLUTIONARY KING
THE HOT ZONE
RICHARD PRESTON
J.R.R. TOLKIEN

CLEAR FILE
SINGAPORE INSTITUTE OF ARCHITECTS

bildnachweis
beeldverantwoording
crédits photographiques

Key: **l** = left, **r** = right, **t** = top, **b** = bottom

Photography by Kelley Cheng unless otherwise stated

Vestibules and Corridors 9 Designed by Index Design Pte Ltd (Singapore); Photography by Tan Kah Heng/Courtesy of *ish* (Singapore) **11** Designed by Warren Liu and Darlene Smyth (Singapore); Photography by Rida Sobana/Courtesy of Warren Liu **13** Designed by Cu Fua Associates (Singapore) **14-15** Designed by Cu Fua Associates (Singapore) **16-17** Designed by Dillon Garis Design Solutions (Hong Kong) **18** Designed by Whiz Concepts (Singapore) **19** Designed by Whiz Concepts (Singapore) **20-21** Designed by Terence Chan/TREE (Singapore) **22** Designed by Whiz Concepts (Singapore) **23** Designed by Albano Daminato Studio (Singapore) **24-25** Designed by Whiz Concepts (Singapore) **26-27** Designed by Joey Ho (Singapore) **28** Designed by Tony Chan/CREAM Design + Architectural Planning (Hong Kong); Photography courtesy of Tony Chan/CREAM Design + Architectural Planning (Hong Kong) **29** Designed by Alexander Wong/Asiacity Ltd (Hong Kong) **30** Designed by Marcel Heijnen (Singapore) **31** Designed by Rene Tan (Singapore) **Living Rooms 33-35** Designed by Index Design Pte Ltd (Singapore); Photography by Tan Kah Heng/Courtesy of *ish* (Singapore) **37** Designed by Whiz Concepts (Singapore) **38-39** Designed by Wide Open Spaces (Singapore) **40** Designed by Whiz Concepts (Singapore) **41** Designed by Alexander Wong/Asiacity Ltd (Hong Kong) **42-43** Designed by Tony Chan/CREAM Design + Architectural Planning (Hong Kong); Photography courtesy of Tony Chan/CREAM Design + Architectural Planning (Hong Kong) **44-45** Designed by Terence Chan/TREE (Singapore) **46** Designed by Alexander Wong/Asiacity Ltd (Hong Kong) **47** Designed by Terence Chan/TREE (Singapore) **48** Designed by Pichai-Theeranuj Wongwaisayawan (Bangkok) **49** Designed by Rene Tan (Singapore) **50-51** Designed by Cu Fua Associates (Singapore) **52-53** Designed by Cu Fua Associates (Singapore) **54-55** Designed by K2LD Architects (Singapore) **56-57** Designed by Cynosure Design Associates (Singapore) **58-59** Designed by Cu Fua Associates (Singapore) **60-61** Designed by Albano Daminato Studio (Singapore) **62-63** Designed by Terence Chan/TREE (Singapore) **64-65** Designed by Terence Chan/TREE (Singapore) **66** Designed by Thor (Singapore) **67** Designed by Room Interior Pte Ltd (Singapore) **68-69** Designed by Room Interior Pte Ltd (Singapore) **70-71** Designed by Draughtzman (Hong Kong) **72** Designed by Marcel Heijnen (Singapore) **73** Designed by Harry & Carrie and Hund & Pups (Singapore) **74-75** Designed by Dillon Garis Design Solutions (Hong Kong) **Dining Rooms 77** Designed by Index Design Pte Ltd (Singapore); Photography by Tan Kah Heng/Courtesy of *ish* (Singapore) **79** Designed by Terence Chan/TREE (Singapore) **81** Designed by Rene Tan (Singapore) **82-83** Designed by Cu Fua Associates (Singapore) **84** Designed by Whiz Concepts (Singapore) **85** Designed by K2LD Architects (Singapore) **86-87** Designed by Wide Open Spaces (Singapore) **88-89** Designed by Warren Liu and Darlene Smyth (Singapore); Photography by Rida Sobana/Courtesy of Warren Liu **90** Designed by The Matchbox (Singapore) **91-92** Designed by Whiz Concepts (Singapore) **93-95** Designed by Tony Chan/CREAM Design + Architectural Planning (Hong Kong); Photography courtesy of Tony Chan/CREAM Design + Architectural Planning (Hong Kong) **96-97** Designed by Alexander Wong/Asiacity Ltd (Hong Kong) **98** Designed by A+P Regional (Singapore) **99** Designed by Albano Daminato Studio (Singapore) **100-101** Designed by Thor (Singapore) **102-103** Designed by Cu Fua Associates (Singapore) **104-105** Designed by Harry & Carrie and Hund & Pups (Singapore) **106-107** Designed by K2LD Architects (Singapore); Photography by Sonny Sandjaya/Courtesy of K2LD Architects (Singapore) **108-109** Designed by Marcel Heijnen (Singapore) **Kitchens 111** Designed by Whiz Concepts (Singapore) **113** Designed by K2LD Architects (Singapore) **115-117** Designed by K2LD Architects (Singapore); Photography by Sonny Sandjaya/Courtesy of K2LD Architects (Singapore) **118-119** Designed by Whiz Concepts (Singapore) **120** Designed by Warren Liu and Darlene Smyth (Singapore); Photography by Rida Sobana/Courtesy of Warren Liu **121** Designed by Pichai-Theeranuj Wongwaisayawan (Bangkok) **122-123** Designed by Warren Liu and Darlene Smyth (Singapore); Photography by Rida Sobana/Courtesy of Warren Liu **124-125** Designed by G Design Architects (Hong Kong); Photography courtesy of G Design Architects (Hong Kong) **126-127** Designed by Marcel Heijnen (Singapore) **128** Designed by Thor (Singapore) **129** Designed by Harry & Carrie and Hund & Pups (Singapore) **130-131** Designed by A+P Regional (Singapore) **132-133** Designed by Whiz Concepts (Singapore) **134-135** Designed by Wide Open Spaces (Singapore) **136-137** Designed by Alexander Wong/Asiacity Ltd (Hong Kong) **138-139** Designed by KNTA Architects (Singapore); Photography by CI&A Photography/Courtesy of *ish* (Singapore) **140-141** Designed by James and Grace Tan (Singapore) **Bedrooms 143** Designed by Albano Daminato Studio (Singapore) **145** Designed by Alexander Wong/Asiacity Ltd (Hong Kong) **147** Designed by Whiz Concepts (Singapore) **148-150** Designed by The Matchbox (Singapore) **151** Designed by Thor (Singapore) **152-153** Designed by Whiz Concepts (Singapore) **154-155** Designed by Brenda Ng/Weave Interior (Singapore) **156-157** Designed by MOIE (Singapore) **158-159** Designed by MOIE (Singapore) **160-161** Designed by Terence Chan/TREE (Singapore) **162-165** Designed by Cu Fua Associates (Singapore) **166-167** Designed by Wide Open Spaces (Singapore) **168-169** Designed by Cu Fua Associates (Singapore) **170-171** Designed by Cynosure Design Associates (Singapore) **172-173** Designed by K2LD Architects (Singapore) **174-175** Designed by Dillon Garis Design Solutions (Hong Kong) **176-179** Designed by G Design Architects (Hong Kong); Photography courtesy of G Design Architects (Hong Kong) **180-181** Designed by Pichai-Theeranuj Wongwaisayawan (Bangkok) **182** Designed by Whiz Concepts (Singapore) **183** Designed by Terence Chan/TREE (Singapore) **184** Designed by Cynosure Design Associates (Singapore) **185** Designed by Warren Liu and Darlene Smyth (Singapore); Photography by Rida Sobana/Courtesy of Warren Liu **186-187** Designed by Joey Ho (Singapore) **188** Designed by Tony Chan/CREAM Design + Architectural Planning (Hong Kong); Photography courtesy of Tony Chan/CREAM Design + Architectural Planning (Hong Kong) **189** Designed by K2LD Architects (Singapore) **190-191** Designed by Terence Chan/TREE (Singapore) **192-193** Designed by Draughtzman (Hong Kong) **194-195** Designed by James and Grace Tan (Singapore) **Bathrooms 197** Designed by K2LD Architects (Singapore); Photography by Sonny Sandjaya/Courtesy of K2LD Architects (Singapore) **199** Designed by Index Design Pte Ltd (Singapore); Photography by Tan Kah Heng/Courtesy of *ish* (Singapore) **201** Designed by Alexander Wong/Asiacity Ltd (Hong Kong) **202-203** Designed by K2LD Architects (Singapore); Photography by Sonny Sandjaya/Courtesy of K2LD Architects (Singapore) **204** Designed by Pichai-Theeranuj Wongwaisayawan (Bangkok) **205** Designed by Dillon Garis Design Solutions (Hong Kong) **206-207** Designed by The Matchbox (Singapore) **208-209** Designed by Alexander Wong/Asiacity Ltd (Hong Kong) **210** Designed by Whiz Concepts (Singapore) **211** Designed by Wide Open Spaces (Singapore) **212** Designed by Brenda Ng/Weave Interior (Singapore) **213** Designed by Brenda Ng/Weave Interior (Singapore) **214-215** Designed by Alexander Wong/Asiacity Ltd (Hong Kong) **216-219** Designed by Marcel Heijnen and Hund & Pups (Singapore) **220(l)** Designed by Brenda Ng/Weave Interior (Singapore) **220(r)** Designed by Pichai-Theeranuj Wongwaisayawan (Bangkok) **221** Designed by KNTA Architects (Singapore); Photography by CI&A Photography/Courtesy of *ish* (Singapore) **222-223** Designed by Tony Chan/CREAM Design + Architectural Planning (Hong Kong); Photography courtesy of Tony Chan/CREAM Design + Architectural Planning (Hong Kong) **224-225(tl-tr)** Designed by Terence Chan/TREE (Singapore) **225(b)** Designed by Brenda Ng/Weave Interior (Singapore) **226** Designed by Alexander Wong/Asiacity Ltd (Hong Kong) **227** Designed by A+P Regional (Singapore) **Openings 229** Designed by Joey Ho (Singapore) **231** Designed by Tony Chan/CREAM Design + Architectural Planning (Hong Kong); Photography courtesy of Tony Chan/CREAM Design + Architectural Planning (Hong Kong) **233-239** Designed by Alexander Wong/Asiacity Ltd (Hong Kong) **240-241** Designed by Pichai-Theeranuj Wongwaisayawan (Bangkok) **242-243** Designed by Marcel Heijnen (Singapore) **244-247** Designed by Cu Fua Associates (Singapore) **248** Designed by Marcel Heijnen (Singapore) **249** Designed by Rene Tan (Singapore) **250-251** Designed by Draughtzman (Hong Kong) **252-253** Designed by Whiz Concepts (Singapore) **254** Designed by Harry & Carrie and Hund & Pups (Singapore) **255** Designed by Whiz Concepts (Singapore) **256-257** Designed by Terence Chan/TREE (Singapore) **258** Designed by Warren Liu and Darlene Smyth (Singapore); Photography by Rida Sobana/Courtesy of Warren Liu **259** Designed by Rene Tan (Singapore) **260-261** Designed by CREAM (Singapore) **Lighting 263** Designed by Joey Ho (Singapore) **265** Designed by Terence Chan/TREE (Singapore) **267** Designed by Wide Open Spaces (Singapore) **268-269** Designed by Joey Ho (Singapore) **270** Designed by Cu Fua Associates (Singapore) **271** Designed by Warren Liu and Darlene Smyth (Singapore); Photography by Rida Sobana/Courtesy of Warren Liu **272-273** Designed by K2LD Architects

(Singapore) **274-275** Designed by Whiz Concepts (Singapore) **276-277** Designed by Cu Fua Associates (Singapore) **278-279** Designed by Cynosure Design Associates (Singapore) **280-281** Designed by Joey Ho (Singapore) **282** Designed by Draughtzman (Hong Kong) **283** Designed by Whiz Concepts (Singapore) **284-285** Designed by Terence Chan/TREE (Singapore) **286** Designed by Whiz Concepts (Singapore) **287** Designed by K2LD Architects (Singapore) **288-289** Designed by ARC STUDIO and Spacecraft (Singapore) **290** Designed by A+P Regional (Singapore) **291** Designed by Cynosure Design Associates (Singapore) **292** Designed by Rene Tan (Singapore) **293** Designed by OM Home (Singapore); Photography courtesy of *ish* (Singapore) **294-297** Designed by Tony Chan/CREAM Design + Architectural Planning (Hong Kong); Photography courtesy of Tony Chan/CREAM Design + Architectural Planning (Hong Kong) **Colours 299** Designed by OM Home (Singapore); Photography courtesy of *ish* (Singapore) **301** Designed by CREAM (Singapore) **303** Designed by Kelly Lee (Singapore) **304** Designed by OM Home (Singapore); Photography courtesy of *ish* (Singapore) **305** Designed by Rene Tan (Singapore) **306-307** Designed by KNTA Architects (Singapore); Photography by CI&A Photography/Courtesy of *ish* (Singapore) **308-309** Designed by K2LD Architects (Singapore) **310** Designed by TRAX (Singapore); Photography courtesy of *ish* (Singapore) **311-313** Designed by K2LD Architects (Singapore); Photography by Sonny Sandjaya/Courtesy of K2LD Architects (Singapore) **314** Designed by Wallflower Architecture and Design (Singapore) **315** Designed by James and Grace Tan (Singapore) **316-317** Designed by Rene Tan (Singapore) **318** Designed by Draughtzman (Hong Kong) **319** Designed by Kelly Lee (Singapore) **Textures and Fabrics 321-323** Designed by Cu Fua Associates (Singapore) **325-327** Designed by MOIE (Singapore) **328** Designed by Cynosure Design Associates (Singapore) **329** Designed by Cu Fua Associates (Singapore) **330** Designed by Pichai-Theeranuj Wongwaisayawan (Bangkok) **331** Designed by Warren Liu and Darlene Smyth (Singapore); Photography by Rida Sobana/Courtesy of Warren Liu **332-333** Designed by Cynosure Design Associates (Singapore) **334-335** Designed by K2LD Architects (Singapore); Photography by Sonny Sandjaya/Courtesy of K2LD Architects (Singapore) **336** Designed by Kelly Lee (Singapore) **337** Designed by Terence Chan/TREE (Singapore) **338-339** Designed by Joey Ho (Singapore) **340** Designed by Thor (Singapore) **341** Designed by Draughtzman (Hong Kong) **Art and Sculpture 343** Designed by Peter Tay (Singapore); Photography by Geoff Ang/Courtesy of *ish* (Singapore) **345** Designed by OM Home (Singapore); Photography courtesy of *ish* (Singapore) **347** Designed by Rene Tan (Singapore) **348-349** Designed by Draughtzman (Hong Kong) **350** Designed by K2LD Architects (Singapore) **351** Designed by Kelly Lee (Singapore) **352-355** Designed by Joey Ho (Singapore) **356** Designed by Whiz Concepts (Singapore) **357** Designed by Albano Daminato Studio (Singapore) **358-359** Designed by Terence Chan/TREE (Singapore) **360-361** Designed by Cu Fua Associates (Singapore) **362** Designed by Room Interior Pte Ltd (Singapore) **363** Designed by Rene Tan (Singapore) **364-365** Designed by Cynosure Design Associates (Singapore) **Decorative Accessories 367** Designed by Joey Ho (Singapore) **369** Designed by Rene Tan (Singapore) **370-371** Designed by TRAX (Singapore); Photography courtesy of *ish* (Singapore) **372** Designed by Kelly Lee (Singapore) **373** Designed by Whiz Concepts (Singapore) **374** Designed by K2LD Architects (Singapore) **375** Designed by Zong Architects (Singapore) **376** Designed by Cynosure Design Associates (Singapore) **377** Designed by Pichai-Theeranuj Wongwaisayawan (Bangkok) **378-381** Designed by Marcel Heijnen (Singapore) **382** Designed by OM Home (Singapore); Photography courtesy of *ish* (Singapore) **383** Designed by MOIE (Singapore) **384-385** Designed by CREAM (Singapore) **386-387** Designed by Warren Liu and Darlene Smyth (Singapore); Photography by Rida Sobana/Courtesy of Warren Liu **388** Designed by James and Grace Tan (Singapore) **389-390** Designed by Draughtzman (Hong Kong) **391-392** Designed by Pichai-Theeranuj Wongwaisayawan (Bangkok) **393** Designed by Kelly Lee (Singapore)

inhalt
index
index

A+P Regional (Singapore)
15A Duxton Hill
Singapore 089598
t. (65) 6323 5866
f. (65) 6323 5877
e. mail@apregional.com

ARC STUDIO Architecture + Urbanism/SpaceCraft (Singapore)
2-B Mount Emily Road
Singapore 228484
t. (65) 6333 3108
f. (65) 6333 3115
e. info@arcstudio.com.sg

Asiacity Limited (Hong Kong)
Suite 7A World-wide Commercial Building
34 Wyndham Street
Central Hong Kong
t. (852) 2526 3016
f. (852) 2526 7126
e. alexanderwong@asiacity.com.hk

Albano Daminato Studio (Singapore)
16 Woking Road #03-06
Singapore 138695
t. (65) 9630 8482
f. (65) 9630 8482
e. albano@pacific.net.sg

Draughtzman (Hong Kong)
1701 Keen Hung Commercial Building
80 Queen's Road East
Wanchai, Hong Kong
t. (852) 2866 2112
f. (852) 2861 2831
e. allyoop@netvigator.com

G Design Architects (Hong Kong)
5/F Tak House
5-11 Stanley St
Central, Hong Kong
t. (852) 2555 9697
f. (852) 2555 2078
e. jg@gdesign.com.hk

KNTA Architects (Singapore)
157B Rochor Road
Singapore 188432
t. (65) 6336 7228
f. (65) 6336 7310
e. knta@knta-architects.com

K2LD Architects (Singapore)
136 Bukit Timah Road
Singapore 229038
t. (65) 6738 7277
f. (65) 6738 7677
e. k2lda@singnet.com.sg

The Matchbox (Singapore)
20 Bideford Road #03-06
Wellington Building
Singapore 229921
t. (65) 6736 2126
f. (65) 6736 2353
e. benjamin@the-matchbox.com

TRAX (Singapore)
9 Penang Road
b1-01 Park Mall
Singapore 238459
t. (65) 6338 8885
f. (65) 6339 6840
e. xtrasin@mbox2singnet.com.sg

TREE (Singapore)
232 Bain Street #21-15
Singapore 180232
t. (65) 9689 8527
f. (65) 6336 4568
e. terence@treestudio.com

Wallflower Architecture and Design (Singapore)
7500A Beach Road
#15-303 The Plaza
Singapore 199591
t. (65) 6297 6883
f. (65) 6297 6332

CREAM (Singapore)
5 Purvis Street #01-01+02
Singapore 188584
t. (65) 6333 9115
f. (65) 6333 9116
e. creamhome@pacific.net.sg

CREAM Design + Architectural Planning (Hong Kong)
12th Floor Capital Commercial Building
26 Leighton Road
Causeway Bay
Hong Kong
t. (852) 2147 1297
f. (331) 255 0152
e. info@cream.com.hk

Cu Fua Associates (Singapore)
325A Beach Road
Singapore 199559
t. (65) 6291 1172
f. (65) 6291 1792
e. cufua@pacific.net.sg

Cynosure Design Associates (Singapore)
392A East Coast Road
Singapore 428992
t. (65) 6342 1200
f. (65) 6342 1500
e. george@cyno.com.sg

Dillon Garis Design Solutions (France)
5 rue du Pas de la Mule
75004 Paris
France
t. (331) 4272 5984
e. dillongarris@aol.com

Joey Ho (Hong Kong)
Room 202
2/F Union Commercial Building
12-16 Lyndhurst Terrace
Central, Hong Kong
t. (852) 2850 8732
f. (852) 2850 8972
e. joey@pointarchitects.com.hk

Hund & Pups (Singapore)
41 Defu Lane
Singapore 539430
t. (65) 6291 1258
f. (65) 6282 6879
e. jermaine@hundnpups.com.sg

HYLA Architects (Singapore)
47 Ann Siang Road #02-01
Singapore 069720
t.(65) 6324 2488
f. (65) 6324 2466
e. admin@hyla.com.sg

Index Design Pte Ltd (Singapore)
15A Purvis Street
Singapore 188594
t. (65) 6220 1002
f. (65) 6334 7262
e.index@singnet.com.sg

MOIE (Singapore)
123 Penang Road
Regency House, Suite 01-13
Singapore 238465
t. (65) 6235 2260
f. (65) 6235 9391
e. moiesin@moie.com

OM Home (Singapore)
6 Raffles Boulevard
Marina Square #03-128
Singapore 039594
t. (65) 6457 0777
f. (65) 6883 1170
e. marina.square@om-home.com

POM/Peter Tay (Singapore)
7 Still Road South
Singapore 423924
t. (65) 6345 8142
f. (65) 6345 6036
e. pompom@asia.com

Room Interior Pte Ltd (Singapore)
15 Purvis Street
Singapore 188594
t. (65) 6333 9239
f. (65) 6333 9469
e. roominterior@pacific.net.sg

Weave Interior (Singapore)
44 Monk's Hill Road #03-48
Singapore 228575
t. (65) 6733 7585
f. (65) 6734 3171
e. weave@singnet.com

Whiz Concepts (Singapore)
25 Kreta Ayer Road
Singapore 088993
t. (65) 6372 1556
f. (65) 6372 1557
e. whizcon@cyberway.com.sg

Wide Open Spaces (Singapore)
57 Chartwell Drive
Singapore 558751
t. (65) 6289 8655
f. (65) 6289 6198
e. wos@swiftech.net.sg

Zong Architects (Singapore)
76 South Bridge Road
#04-00 Merchants Building
Singapore 058706
t. (65) 6226 0211
f. (65) 6223 1128
e. zongarch@singnet.com.sg

danksagung dankbetuiging remerciements

Wir danken den Architekten und Designern für die freundliche Erlaubnis, ihre Arbeiten veröffentlichen zu dürfen; allen Fotografen, die uns bereitwillig die Abdruckrechte für ihre Bilder erteilt haben; allen ausländischen Koordinatoren – Anna Koor, Savinee Buranasilapin, Thomas Dannecker – für ihren unermüdlichen Einsatz und ihre tatkräftige Unterstützung und allen voran all den Hausbesitzern, die uns erlaubten, ihre eindrucksvollen Häuser zu fotografieren und auf diese Weise den Lesern weltweit zugänglich zu machen. Nicht zuletzt gilt auch all jenen Dank, die zum Gelingen des Buches beigetragengen haben.

Hierbij spreken wij onze dank uit aan alle architecten en ontwerpers voor hun toestemming om hun werken in dit boek te publiceren; aan alle fotografen die ons royaal hun toestemming hebben verleend om hun foto's af te drukken; aan alle buitenlandse coördinatoren - Anna Koor, Savinee Buranasilapin en Thomas Dannecker voor hun inzet en onschatbare hulp; aan alle personen die ons zo genereus hebben toegestaan om hun prachtige huizen te fotograferen en die met lezers over de hele wereld te delen. Ook bedanken we iedereen die ons op de een of andere manier heeft geholpen dit boek samen te stellen.
Hartelijk bedankt.

Nous voudrions remercier tous les architectes et les décorateurs qui nous ont aimablement autorisé à publier leurs œuvres ; tous les photographes qui nous ont généreusement permis d'user de leurs images ; tous nos coordinateurs étrangers – Anna Koor, Savinee Buranasilapin, Thomas Dannecker, pour leur dur travail et leur aide précieuse ; et surtout, tous les propriétaires qui ont nous ont gracieusement autorisé à photographier leurs maisons, et à montrer leurs intérieurs aux lecteurs du monde entier. Et aussi, merci à tous ceux qui nous aidé, d'une manière ou d'une autre, à mettre au point ce livre.
Merci à tous.